DE L'IMPRIMERIE DE J. SMITH.

DES EXILÉS.

C'est icy un livre de bonne foy, lecteur.
MONTAIGNE.

PARIS,

GIDE FILS,
Rue Saint-Marc-Feydeau, n° 20.

1818.

L'AUTEUR de ce petit écrit est un de ces esprits *aigres* et *violens* qu'on appelle spirituellement des *ultra-royalistes*, depuis qu'on ne les appelle plus des *royalistes*, des *aristocrates* ou des *honnêtes gens*. Des circonstances qui lui sont particulières détruisant tous ses rapports avec la France, il a voulu y laisser cette *profession de foi* sur une question qui intéresse la morale et la justice nationales, car il ne connoît point d'autre politique. S'il a tardé de la publier jusqu'au moment où son résultat lui devient nécessairement étranger, ce n'est pas qu'il ait craint qu'elle soit inconvenante. Il est sûr de ses sentimens, et il n'ignore ni la valeur des mots ni la mesure des bienséances ; mais il sentoit que son opinion devoit paroître favorable à un parti qu'il ne hait point, car les partis sont faits avec des hommes, et auquel il seroit toutefois désolé de plaire, tant qu'il ne pourra pas l'estimer, c'est-à-dire tant que ce parti sera un parti.

DES EXILÉS.

Une voix a réclamé en faveur des *exilés* dans le sanctuaire de la loi. Elle a été couverte par des témoignages d'improbation très-universels. Je ne justifierai pas une expression peut-être déplacée. Je ne blâmerai pas dans ceux qui l'ont repoussée un premier mouvement que j'aurois probablement partagé, si j'avois été surpris par la témérité d'une initiative dérespectueuse pour la Majesté Royale, ou prévenu contre les intentions de l'orateur. J'éviterois avec soin de rappeler le fond de cette question, si je pensois que la discussion ne pût s'en concilier avec la soumission due aux actes du gouvernement, avec l'amour dû au Monarque. Il est malheureusement vrai, dans tous les gouvernemens du monde, qu'il y a des lieux et des circonstances où un sentiment noble est imprudent, où il est choquant et suspect. Si je tombe dans le même inconvénient, je suis trompé par mon cœur; homme, françois et royaliste, j'obéis à une impulsion invincible qui remplit mon ame de la satisfaction la plus douce, d'une volupté si pleine et si entière, que je la croirois la dernière que je sois appelé à goûter. Il me semble qu'on ne peut être égaré par un sentiment aussi pur, aussi désintéressé. Qui oseroit condamner d'ailleurs aujourd'hui l'innocente erreur de la bienveillance, et faire un crime de la pitié ? Ce sont là des idées qui émanent du trône, sous le règne d'un Bourbon.

Oui, la France a pu croire, elle a dû croire que l'ordonnance d'exil n'étoit pas irrévocable. La nature de la peine imposée, les termes dans lesquels s'exprimoit la volonté royale, le caractère connu du Souverain, tout nous en donnoit l'espérance. Nous savions que le Roi qui nous gouverne pouvoit être forcé, par des circonstances très-difficiles, à châtier quelques-uns des ses enfans; mais nous savions qu'il ne pouvoit les châtier qu'en père, et que la durée d'une peine irrémissible répugnoit à son cœur comme à l'exacte justice. Nous avions regardé l'ordonnance d'exil comme une mesure de sûreté prescrite par les événemens, mais nous n'hésitions pas à regarder sa révocation comme la conséquence naturelle du rétablissement de l'ordre, et rien ne nous fera perdre cette pensée. Il ne nous appartient pas sans doute de hâter la décision du Roi par des vœux impatiens, mais on ne sauroit nous interdire l'espoir que ces vœux seront remplis, quand ils auront cessé d'être imprudemment prématurés; quand leur accomplissement, loin de coûter quelque chose au repos de la France, ne fera que l'assurer pour toujours; quand ce gage d'*union* et d'*oubli* accordé à toutes les opinions pourra marquer enfin d'une manière infaillible le terme de nos dissensions civiles.

Si cette idée a reçu depuis quelque temps un développement un peu anticipé, c'est que les événemens, c'est que la situation politique de la France étoient propres à le hâter, à l'achever dans tous les esprits. Ce n'est pas ici l'occasion d'examiner le système suivi par le ministre depuis la répudiation de l'assemblée de 1815, système non d'indulgence, mais d'adoption, qui a identifié la France de la Monarchie avec celle de la révolution, qui a contristé les royalistes timides par la perspective vraie ou fausse d'agitations nouvelles, mais qui doit les trouver résignés comme les trouveroient la persécution et la mort. Il ne s'agit pas de savoir, et il seroit indiscret de chercher, s'il n'y avoit pas d'autres moyens d'affermir un gouvernement renaissant que de convoquer à la défense de ses institutions le parti qui les a deux fois renversées ; l'avenir seul peut donner la solution de cette énigme et justifier ou nos appréhensions ou nos espérances. Ce qu'il y a de certain, c'est que, dès l'investigation de ce système, l'ordonnance d'exil a dû devenir aux yeux de la nation un acte contradictoire. Elle pouvoit concourir avec l'amnistie, parce qu'elle étoit alors une application restreinte de la justice; elle ne s'accordoit plus avec des dispositions qui sanctionnoient jusqu'à un certain point les événemens du passé, ou qui leur reconnoissoient un prétexte légitime. Les *exilés* sont pour la plupart des hommes obscurs, dont l'ordonnance a révélé le nom à la France, tandis que des hommes bien plus imposans, dont la funeste révolution du 20 mars a reçu l'approbation la plus publique, et qui ont contribué de tous leurs efforts au succès précaire de la tyrannie, sont rentrés non seulement dans l'exercice de tous leurs droits, dans la possession de tous leurs honneurs, mais encore dans l'exercice, dans la possession d'une autorité nouvelle, proportionnée comme à dessein à leur haine connue pour la Monarchie. Encore une fois, il n'est pas question de savoir si cela est juste, et même si cela est utile. Le devoir d'un citoyen paisible et soumis est de s'en rapporter sur ces détails à la haute sagesse, à la profonde prévoyance du Monarque. Il suffit de savoir que cela est ainsi, et il en résulte une comparaison qui tourne entièrement à l'avantage des *exilés;* car si l'opinion pour laquelle ils ont été chassés n'est pas de nature à rendre un homme incapable d'exercer les premiers emplois de l'administration, il s'en faut de beaucoup qu'elle puisse l'exposer à l'exil. Il est vrai que la position de la France étoit toute différente quand l'exil fut prononcé, et que cette mesure put être alors parfaitement sage. Mais si la position de la France est changée au point que les hommes qui paroissoient dangereux, lors de la mesure de l'exil, soient devenus dignes, et j'allois dire spécialement dignes de la confiance du gouvernement, il est clair que les *exilés* ont cessé de mériter le bannissement, ou tout au moins que leur bannissement a cessé d'être utile. On ne nous persuadera jamais que la présence de tous les *exilés* ensemble puisse être aussi dangereuse que l'influence d'un fonctionnaire, de quelque ordre qu'il soit, qui est revêtu d'autorité pour agir sur l'opinion, et qui ne se sert du pouvoir que pour l'altérer ou le corrompre. Or, il est difficile de nier qu'il y ait quelques fonctionnaires de ce genre. Si le parti des *exilés* n'est plus menaçant pour la tranquillité de l'État, il n'y a point d'inconvénient à les rappeler. S'il est plus menaçant que jamais ; s'il doit l'être toujours ; s'il est réellement, comme les uns l'attestent, comme les autres semblent l'avouer, celui d'une majorité redoutable qui est bien décidée à ne pas transiger avec l'ordre public, que peut signifier une mesure aussi partielle contre une classe d'hommes qui a reconquis la presse, la tribune, et les emplois et la France ? Je ne conçois pas que l'on contienne une faction en la *millésimant* par le bannissement ; mais si ce point étoit reconnu, et s'il s'agissoit de se conduire en conséquence, il faudroit encore effacer la liste d'exil presque toute entière, parce que les ennemis les plus acharnés de la tranquillité du peuple ne sont pas là, et que presque tous ceux qui y sont n'ont, au contraire, de titre à la popularité révolutionnaire que celui que cette liste leur a donné. Je suis bien loin de dire que les *exilés* n'aient pas été assez coupables pour encourir l'exil ; qu'il n'y ait pas des raisons de salut général qui ont rendu, qui rendent encore la prolongation de leur exil nécessaire ; mais je dis que le traitement qu'ils éprouvent n'est pas en harmonie avec la direction qu'on s'efforce de donner à l'esprit public, et qu'ils peuvent être surpris de se trouver si coupables et si malheureux dans un semblable état de choses. C'est ce qu'il seroit facile de faire sentir par des exemples si l'on avoit le goût misérable des personnalités ; mais ceci n'est pas plus écrit dans le dessein de blesser une opinion par des rapprochemens odieux que de la flatter par de lâches condescendances. C'est l'expression naïve d'un sentiment désintéressé de toute prévention et de toute haine.

A supposer que la liste des *exilés* soit maintenue comme elle doit l'être, si cette mesure est encore fondée en justice et en nécessité, on ne doute pas du moins qu'il ne puisse y être fait quelques modifications. Cette liste n'émane pas immédiatement du cabinet du Souverain, mais des bureaux d'un ministre qui ne connoissoit pas lui-même tous les individus qui y sont nommés, et qui a été révoqué depuis. Lors de sa rédaction, différens noms y furent introduits qui ne s'y sont pas conservés. Quelques autres y sont venus reprendre leurs places; c'est enfin un ouvrage humain, et par conséquent sujet aux vicissitudes qui sont propres à l'esprit de l'homme. Tout a changé d'ailleurs depuis cette époque. Beaucoup d'espérances se sont évanouies, beaucoup d'illusions se sont dissipées, beaucoup de garanties ont été données aux idées vraiment libérales qui ne sont pas toujours un prétexte, qui ont pu être dans certains une erreur, dans plusieurs un sentiment. Des royalistes ont encouru en France la disgrâce du Roi. Pourquoi des *Bonapartistes* n'auroient-ils pas mérité son indulgence à Bruxelles? Ce ne sont pas seulement les circonstances qui varient; ce sont aussi les hommes. Puisque les crimes de la révolution ont pu s'expier, les erreurs ne doivent pas être irréparables. Des guerriers que les tribunaux avaient déclarés coupables, et qui ont reconnu eux-mêmes leur culpabilité, ont été rappelés dans la société par la clémence du Roi. Leur cœur s'est montré digne de ce bienfait, et nul doute qu'ils ne reprennent un jour une place honorable sous le drapeau blanc, qu'ils n'y soient accueillis par leurs anciens camarades avec une effusion de tendresse qui ne sera que le juste prix de la loyauté de leurs regrets. Par quelle funeste exception le député, le magistrat, l'homme de lettres, le citoyen privé dont les pensées et les actions ont bien moins influé sur le sort de la patrie, seroit-il traité plus rigoureusement, et placé, si l'on peut s'exprimer ainsi, hors de la tolérance royale ? Cet homme dont le nom classique est si cher aux bons François, M. de Châteaubriand, a dit quelque part qu'il devoit rester dans l'institut un siége vide pour l'académicien qu'une mesure politique éloignoit de son pays, quand cette mesure n'étoit pas immuable de sa nature. Cette idée n'a pas pu être suivie ; mais ces siéges vaqueront, ils vaqueront un jour où les partis pacifiés n'imposeront plus à l'autorité royale le besoin de déployer une pénible sévérité ; où *l'union*, où *l'oubli* auront effacé nos discordes, et, s'il se peut, nos souvenirs ; et la place d'*Arnault*, la place d'*Étienne* se retrouveront dans cette assemblée illustre qu'ils ont honorée par leurs talens, où leurs qualités morales ont laissé tant d'estime et de regrets, et dont quelque abus d'esprit, quelque égarement d'opinion, l'aigreur de quelque sentiment blessé, le zèle peut-être de quelque affection malentendue les a séparés quelque temps. Je conviens que tous les *exilés* n'ont pas les mêmes droits qu'*Arnault* qui se distingue par un caractère aussi rare que son talent, et qui n'eut jamais aux yeux d'un royaliste d'autre tort que son opinion ; il en est bien peu d'ailleurs qui me soient personnellement connus, je suis un de ces Parias qu'une prévention qui deviendra juste à mesure que les années s'accumulent, repousse de tous les emplois publics, parce qu'ils n'en ont jamais occupés, et presque tous les *exilés* ont appartenu au contraire à cette classe privilégiée de la société, à cette noblesse de fait des révolutions qu'une heureuse turbulence avoit jetée à travers le chemin des honneurs et de la fortune; mais j'aime les lettres et les sciences, et c'est une carrière que Bonaparte n'avait pas tout-à-fait interdite à ses ennemis qui s'y sont quelquefois rencontrés avec ses amis. *Mellinet* est un homme qu'une grande exaltation d'esprit, l'exaltation d'un esprit plus ingénieux que solide, et un besoin d'activité qui tient à l'organisation, ont fait vivre dans le monde romanesque de la politique. Il n'y a point d'homme plus capable de s'accommoder d'une vie douce et plus incapable de troubler celle de ses voisins. Il a de l'esprit, du goût, l'amour des loisirs studieux. Les lettres le réclament. Les sciences réclament *Bory de Saint-Vincent* qui, jeune encore, occupe une place distinguée parmi les savans de l'Europe. De longs et importans voyages, des recherches très-instructives faites avec un esprit d'investigation qui n'appartient qu'à lui, la tête la plus fortement méthodique, la mémoire la plus heureuse et la plus riche en faits scientifiques, le classent parmi les hommes dont notre patrie peut s'honorer. Sous un Roi qui sait si bien apprécier tous les talens, *Bory de Saint-Vincent* resteroit-il étranger à la France? Et s'il doit rester exilé, ce qu'à Dieu ne plaise, la France ne peut-elle pas utiliser honorablement jusqu'à son exil, dans l'intérêt des connoissances naturelles?

Cette question est infiniment plus délicate, en ce qui concerne les *régicides*, qu'un mouvement universel de réprobation a repoussés du sol françois, qui ne devoient pas y attendre, au rétablissement de la Monarchie, un traitement moins rigoureux, et avec qui il seroit souverainement injuste de confondre les autres *exilés* dont quelques-unes peuvent n'être coupables que de l'erreur bien funeste d'un zèle bien malentendu. Cependant, il est juste de déclarer que l'application de l'exil aux *régicides* n'a pas été en tout conforme aux principes de la saine équité, et que les personnes chargées pour cet effet des travaux minutieux qu'exigeoient la recherche et la désignation des coupables, se sont permis de donner à leurs indications une extension injuste. Je suis convaincu qu'elles ont été déterminées par les motifs les plus purs, et qu'elles ont cru satisfaire au vœu de la loi, tout en reculant illégalement ses limites, et en y faisant rentrer une foule de gens qu'elle n'avoit pas voulu atteindre ; mais elles n'en sont pas moins tombées dans une faute grave qu'il est essentiel de signaler, et qu'on s'étonnera de voir signaler si tard, à une époque où tous les actes du gouvernement sont soumis à une censure si leste et si effrontée. Le ministère a compris dans la liste des *régicides* non seulement les *votans*, c'est-à-dire ceux que la loi avoit expressément qualifiés, mais tous les membres même de la convention, qui, après avoir voté dans le sens le plus favorable à l'auguste accusé, se sont pourtant prononcés contre le sursis ; et il faut convenir qu'au premier abord, cette extension a quelque chose de spécieux, puisque le conventionnel qui a voté contre le sursis semble s'être associé à l'assassinat en hâtant son exécution. Il y a toutefois une réflexion naturelle à faire ; réflexion qui est suggérée par le contraste même qu'offrent ces deux votes si contradictoires dans la même bouche. La France entière sait que, dans la consternation de Paris, il restoit cependant quelques motifs d'espérance, quelque possibilité de salut pour l'innocente victime du 21 janvier. On convient que le mouvement d'un petit nombre d'hommes déterminés l'auroit sauvée peut-être, et qu'il y avoit cent fois plus de probabilités pour sa délivrance depuis le Temple à l'échafaud que dans le cachot où elle restoit plongée sous la surveillance des bourreaux. Le sursis prononcé, les *régicides*, furieux de voir remettre l'horrible jour de la consommation de leur crime, n'auroient rien épargné pour accomplir ce grand forfait dans l'ombre des prisons. Ils savoient l'art d'exciter de prétendues émotions populaires pour suppléer aux rigueurs de leurs affreuses lois, quand elles étoient à leur gré trop lentes ou trop timides; les égorgeurs de septembre étoient encore ivres du sang répandu, altérés du sang qui restoit à répandre; et la Famille royale toute entière leur étoit promise. Cette Princesse adorée, la gloire et l'ornement de la France, nous étoit aussi enlevée, et près d'elle vivoit alors le fils, le successeur de Louis XVI, protégé par son enfance contre les formes hypocrites d'une horrible justice, et non contre les couteaux des assassins. Ils périssoient, et Louis XVI avec eux! Voter contre le sursis quand il n'étoit plus possible de sauver le Roi que par un coup d'éclat, c'étoit rendre ce coup d'éclat nécessaire; quand l'appel au peuple étoit rejeté, c'étoit en appeler au désespoir du peuple. Aucune autre intention ne peut se concilier avec l'intention bienveillante du conventionnel qui a bravé les poignards pour voter l'absolution. Non! l'homme qui n'a pas voté la mort du Roi quand il y alloit de sa vie de ne pas la voter, n'a pas voulu la mort du Roi; et, quoi qu'il ait fait, quoiqu'il ait voté ensuite, il n'a pu le faire, il n'a pu le voter que dans le ferme dessein de sauver le Roi. Cette interprétation n'est pas seulement la plus vraisemblable, c'est la seule vraisemblable; et, s'il en étoit autrement, ce n'est pas sur la terre que ce juge seroit jugé.

Je vais plus loin. Le vote pour la mort lui-même, avec une restriction qui annulle ce vote si elle n'est pas acceptée, avec une restriction qui a pour objet de rendre l'exécution du crime très-difficile ou impossible et de la reculer à une époque indéterminée où les passions féroces excitées dans la multitude auront commencé à s'assoupir, ce vote, *qui n'a pas compté*, celui de M. *Cambacérès*, ne sauroit être assimilé à l'assassinat. Des hommes foibles, mais adroits qui n'ont pas osé prendre à découvert la défense de Louis XVI, qui ont pensé peut-être, qu'il leur seroit plus facile de le dérober aux bourreaux en transigeant avec eux qu'en les attaquant de front, qui n'ont eu en vue, en adhérant à la pensée du crime, que d'en empêcher la consommation, ces hommes ne sont point des *régicides* dans l'acception absolue du mot. Je ne connois pas un royaliste qui ne soit fermement convaincu que Vergniaud, par exemple, avoit l'intention de sauver le Roi. Je ne crois pas qu'il en existe un du moins qui puisse se refuser à cette conviction après avoir lu son admirable discours sur la question de la mise en jugement. Il est bien incontestable que l'appel au peuple auroit sauvé le Roi; et qui sait à quel prix l'appel au peuple pouvoit s'obtenir, par quelles concessions il pouvoit s'acheter ! Ajoutons à cela (c'est pour beaucoup d'entre nous le devoir de la reconnoissance) les *votans* qui, poursuivis du souvenir de cet attentat, ont fait tout ce qu'ils ont pu, sinon pour le réparer, puisque l'effort du repentir ne peut aller jusque-là, au moins pour en diminuer l'horreur aux yeux de Dieu et du monde, et dont la vie a été depuis une suite d'efforts continuels pour reconquérir l'estime de la France et de la postérité. Le Prince souverainement sage qui nous gouverne a bien senti, dans la parfaite rectitude de son esprit et de son cœur, que nous ne pouvions pas montrer aux nations *Tallien* errant, chargé du triple poids de la proscription, des infirmités et de la misère, *Tallien* dont le poignard, en menaçant le cœur de *Robespierre*, a sauvé un million d'hommes de l'échafaud en permanence. Il est probable que *Fouché*, le protecteur, le sauveur d'une génération, *Fouché*, un des restaurateurs de la Monarchie en 1815, un des hommes qui ont le plus contribué à aplanir le retour des Bourbons, à économiser dans leur absence le sang des royalistes proscrits, seroit libre de rentrer en France. Il en est sorti ambassadeur en 1815, dans ce moment qu'on signale, dit notre honorable M. de *Villele*, comme celui d'une réaction royaliste si intolérable. On doit penser qu'il n'y a pas perdu ses droits de cité depuis qu'il n'y est plus question de réaction, ou qu'il n'y est plus question de celle-là. Sur un théâtre plus étroit, M. *de Bry* a manifesté les mêmes regrets, et laissé les mêmes souvenirs. Ami de Vergniaud, il avoit voté avec lui et probablement dans le même dessein que lui. On l'a cité comme le plus sage, comme le plus tolérant de nos administrateurs, dans un temps où la modération étoit encore du courage. Enfin, il y a des places auprès du Messie pour l'ange rebelle qui se repent et qui pleure. Le soldat qui le tua d'un coup de lance est assis au rang des saints. Louis XVI a pardonné à ceux qui l'ont condamné. Il protège sans doute du haut du ciel ceux qui le condamnoient pour le sauver. Il auroit été à souhaiter qu'une assemblée spéciale d'hommes versés dans les particularités de cette affreuse révolution, et qu'une longue habitude de relations avec ses principaux acteurs auroit initiés aux motifs les plus secrets de leurs actions, eût pu entrer dans ces détails qui ont été abandonnés à des commis. La France auroit vu avec joie se diminuer un peu le nombre des monstres qu'elle a eu le malheur de produire, et nous n'aurions pas exposé l'étranger à s'étonner de trouver parmi les *régicides* des hommes qui ne sont pas *régicides*, et qui gémissent depuis vingt-cinq ans de n'avoir pu dérober la tête de Louis XVI à ses assassins.

Tel est l'inconvénient des mesures générales que la nécessité des exceptions s'y fait sentir jusque dans celles qui offrent le moins de latitude et qui prêtoient le moins à l'injustice. Pourquoi craindrois-je de dire que l'opinion de tous les honnêtes gens indique une de ces exceptions dans la mesure même qui interdit l'entrée de la France à une certaine famille, et qu'elle en indiqueroit deux si madame *Bonaparte* vivoit encore? Je ne crois pas que

M. *Louis Bonaparte* ait jamais des intérêts à démêler en France, et qu'il y soit appelé par aucun motif; mais si cela étoit, et qu'il fût bien reconnu que sa présence n'y peut pas faire naître l'apparence d'un danger, pourquoi n'y viendroit-il point? Il porte à la vérité un nom justement odieux à tous les amis de la Monarchie, mais les amis de la Monarchie ne sont pas susceptibles de ces haines aveugles qui poursuivent le coupable sur l'innocent, et qui enveloppent les familles et les classes sans acception des personnes. M. *Louis Bonaparte* jouit de l'estime de l'Europe. Sa vie est celle d'un bon citoyen et d'un vrai sage. L'histoire recueillera son nom avec respect au milieu de cette foule étourdie d'ambitieux dont la folle et cruelle vanité a désolé le monde. Ce que l'histoire avouera, il faut l'avouer, il faut le proclamer avant elle. Il ne faut pas fermer la France à un homme d'un caractère respectable, éminemment grave et modéré, incapable, autant par sa position morale que par sa volonté, de se former jamais un parti, et qui n'exercera jamais, dans quelques pays qu'il habite, que l'influence obscure et bornée des simples vertus civiles. Dussé-je être rappelé à l'ordre de l'opinion, je n'hésiterai pas à lui appliquer la phrase de M. *de Bonald* sur les Suisses, phrase très-malentendue, mais très-facile à défendre, car elle est bien françoise, sous tous les rapports. Plût à Dieu qu'il n'y eût pas en France de *Bonapartistes* plus malveillans que *Louis Bonaparte !*

Encore une fois, nous vivons sous un règne où ces idées de tolérance doivent être d'autant mieux accueillies qu'il est impossible de supposer qu'elles soient impolitiques. La tolérance, qui est le besoin de la France, qui est le vœu du Roi, exclut si peu la force, qu'elle est la vertu de la force; et l'on se tromperoit étrangement si l'on pensoit que la force des gouvernemens ne peut se déployer qu'en mesures rigoureuses. Il y a au contraire dans la bénignité des Rois une sorte de puissance qui impose du respect au plus audacieux. Les opinions exaspérées aiment à réagir contre la violence, mais l'indulgence les soumet, et le dédain les dépopularise. Le moyen d'en finir avec les partis, ce n'est certainement pas de leur céder, comme le prétendent aujourd'hui des publicistes bien novices ou bien perfides, et dans tous les cas bien médiocres, quoiqu'on leur ait fait au parquet une réputation de complaisance. Ce n'est pas non plus de lutter avec eux et de les tenir en haleine par une guerre opiniâtre. Leurs forces se paralysent bientôt quand elles ne sont pas alimentées par les foiblesses de l'autorité, quand elles ne sont pas exercées par ses atteintes. D'ailleurs, les gouvernemens légitimes et réguliers doivent se distinguer, en beaucoup de choses, des polices monstrueuses que le despotisme établit pour se maintenir un moment, mais particulièrement dans leur manière d'agir envers leurs ennemis. Nous avons déjà gagné ce point, car l'exil pur et simple est la peine la plus légère que le vainqueur ait fait subir au vaincu depuis que nous vivons en révolution. Elle seroit cependant trop grave encore du moment où sa durée et les changemens survenus dans la marche du gouvernement l'auroenit mise hors de proportion avec le délit qui l'a motivée, du moment où les circonstances qui l'ont provoquée n'existent plus. La modération et la pitié sont enfin des choses si belles en elles-mêmes, quand elles ne peuvent pas se confondre avec la foiblesse, que je ne sais si un degré de plus de sécurité mériteroit d'être payé au prix de ces hautes vertus, les premières de l'homme naturel et de l'homme social. L'obstination d'une secte audacieuse, pour qui le repos du monde est un supplice, a sans doute rendu nécessaires de grands et terribles exemples. Félicitons-nous de ce qu'elle ne peut s'en prendre qu'à elle, et ne lui laissons pas la gloire dangereuse d'étendre la liste de ses martyrs. C'est nous, dont la mission étoit de souffrir et de mourir. Tant d'honneur ne devroit pas appartenir à nos ennemis. Trop de sang a déjà coulé, car le sang des coupables aussi est précieux à l'humanité et lui demande des larmes. Grâces soient rendues au Roi dont la bonté paternelle en a du moins arrêté l'effusion autant qu'elle l'a pu, sans rendre tout-à-fait illusoire l'action de la justice! Espérons tout ce qui nous reste à espérer de son cœur magnanime ! Espérons qu'il nous rendra ceux de nos frères que nous pouvons revoir, que nous pouvons embrasser sans horreur! Espérons qu'il les réduira, par la reconnoissance, à être royalistes comme nous pour n'être pas ingrats! Il est temps que nous nous réunissions tous pour relever la France de ses ruines. Nous ne sommes pas trop de François pour cela, en comptant LES EXILÉS.

FIN.

www.ingramcontent.com/pod-product-compliance
Lightning Source LLC
Chambersburg PA
CBHW060624050426
42451CB00012B/2407